LES

L'avenir du bouddhisme

Sogyal Rinpoché

L'avenir du bouddhisme

ET AUTRES TEXTES

Traduit de l'anglais
par Olivier Raurich

La Table Ronde
7, rue Corneille, Paris 6[e]

ISBN 2-7103-2594-2.

SOMMAIRE

L'AVENIR DU BOUDDHISME

La deuxième des conférences intitulées « Le bouddhisme en Amérique » eut lieu à San Diego, en Californie, aux États-Unis, en mai 1998. Elle attira un public de pratiquants, d'enseignants et d'érudits bouddhistes. Sogyal Rinpoché fut invité à être un des principaux orateurs sur le thème de l'avenir du bouddhisme.

Introduction

En ce qui concerne l'avenir du bouddhisme, aujourd'hui je puis seulement partager quelques pensées et souhaits fondés sur mon expérience personnelle et sur les observations de mes vingt-cinq ans d'enseignement en Occident. Inévitablement, mon discours portera en majeure partie sur la tradition bouddhiste du Tibet, mais j'espère qu'il aura de l'intérêt et du sens pour les pratiquants de toutes les traditions.

Je voudrais dire, pour commencer, que je ne suis qu'un pratiquant qui fait de son mieux, un simple étudiant du dharma qui essaye, en travaillant sur lui-même, grâce aux enseignements et à ses maîtres, de devenir un meilleur être humain. Également, je suis très honoré d'avoir été invité à intervenir à cette conférence.

Première partie

JAMYANG KHYENTSÉ ET RIMÉ

Lorsque je pense au bouddhadharma et à son avenir, mes pensées se tournent vers mon maître Jamyang Khyentsé Chökyi Lodrö, qui était un maître de toutes les lignées du bouddhisme tibétain, et qui décéda en exil au Sikkim, en 1959. Il faisait vraiment autorité, et beaucoup le considéraient comme l'un des plus grands maîtres tibétains de ce siècle, la personnification du bouddhisme tibétain, et l'exemple vivant de la façon d'être d'une personne qui a réalisé les enseignements. Il était le maître des maîtres, le maître d'un grand nombre de lamas éminents qui allaient enseigner en Occident, comme Dilgo Khyentsé Rinpoché, Kalou Rinpoché et Dezhung Rinpoché ; pourtant, il traitait tout le monde, riche ou pauvre, de condition élevée ou modeste, de la même manière.

Je me demande souvent si l'avenir du bouddhisme tibétain n'aurait pas été entièrement différent s'il avait vécu plus longtemps, et avait pu inspirer le développement du bouddhisme, en exil et en Occident, avec la même autorité et le même respect infini pour toutes les traditions qui l'avaient tant fait aimer au Tibet.

Jamyang Khyentsé avait une vision. Il était en fait l'héritier du mouvement non sectaire Rimé, dont la vague s'était étendue à tout le Tibet oriental au siècle dernier. C'était en quelque sorte une renaissance spirituelle, qui rejetait toute forme de préjugé sectaire ou partisan, et encourageait chaque tradition à maîtriser les enseignements et les pratiques authentiques de sa propre lignée, tout en maintenant un esprit d'ouverture, d'harmonie et de coopération avec les autres écoles bouddhistes. Il n'y avait pas de flou ou de synthèse entre une tradition et une autre — la pureté de chaque tradition était assurée — mais elles coexistaient et puisaient souvent leur inspiration l'une chez l'autre.

Il y a, à mon avis, un parallèle remarquable entre la richesse extraordinaire de la culture spirituelle tibétaine au temps des grands pionniers de ce mouvement Rimé, tels que Jamyang Khyentsé Wangpo et Jamgön Kongtrul, et la grande diversité de lignées que l'on trouve aujourd'hui en Occident. La vision Rimé suggère un modèle de la manière dont le dharma doit continuer en Occident : conserver un respect total pour nos traditions distinctes et authentiques, tout en considérant la créativité et l'ingéniosité que les différentes écoles du bouddhadharma ont montrées lors de leur établissement en Occident. Nous pouvons tous nous inspirer, nous aider et nous relier les uns aux autres, sans pourtant confondre ou mélanger nos traditions à mauvais escient.

Jamyang Khyentsé vit aussi que le dharma parviendrait en Occident. Au Tibet, depuis l'époque de Padmasambhava, de nombreuses prophéties indiquèrent que cela se produirait ; Jamyang Khyentsé en parla à plusieurs reprises et, peu de temps avant son décès, il dit au maître tibétain Tulkou Urgyen, au Sikkim : « À partir de maintenant, le bouddhadharma s'étendra plus loin, en Occident. »

Si nous considérons maintenant ne serait-ce que l'impact du dharma sur la vie en Occident aujourd'hui, nous ne pouvons que nous étonner de la diversité des domaines de la culture occidentale influencés par le bouddhisme, et qui nous sont désormais très familiers :

• l'accompagnement des mourants et les soins palliatifs, un domaine qui me tient beaucoup à cœur ;

• la médecine et la guérison holistiques ;

• le domaine de la psychologie et de la thérapie ;

• les arts et l'éducation — il suffit de penser à l'Institut Naropa ;

• le dialogue entre les différentes confessions et les échanges œcuméniques ;

• les sciences de la vie ;

• les mouvements pour la paix et la non-violence ;

• des moyens d'existence justes et l'éthique dans le monde des affaires ;

• l'écologie, et ainsi de suite…

• sans oublier, dans le cas du bouddhisme tibétain, Hollywood et l'industrie cinématographique !

Les différentes lignées bouddhistes se sont établies d'une manière ou d'une autre en Amérique et en Europe et, sous la bannière du bouddhisme engagé, de nombreuses et merveilleuses expressions de l'action inspirée par le bouddhisme ont vu le jour. Je pense au Greyston Mandala de Glassman Roshi, au projet du Zen Hospice, aux diverses initiatives dans les prisons, à l'œuvre de Thich Nhat Hanh et au Buddhist Peace Fellowship. J'aimerais ici en faire l'éloge et je sais combien Jamyang Khyentsé — et tous les maîtres de la tradition Rimé — les aurait appréciés et approuvés.

DEUX FAÇONS DE PRÉSENTER LE DHARMA

Ces dernières années, Sa Sainteté le Dalaï-Lama a souligné qu'il y a deux façons de présenter le dharma aujourd'hui. L'une est de proposer les enseignements, dans l'esprit du bouddhisme, sans aucune notion d'exclusivité ou de conversion, mais de façon aussi ouverte et large que possible, pour être utile à tous, partout, quels que soient le contexte ou la confession. Le cœur du bouddhadharma, la Vue essentielle, est tellement pratique, simple et pourtant profond, qu'il peut enrichir et approfondir la compréhension de chacun, indépendamment de la voie spirituelle que l'on suit.

La deuxième manière est de présenter les enseignements à ceux qui ont sérieusement l'intention de suivre le dharma, afin qu'ils puissent suivre une voie complètement et à fond, quelle qu'en soit la tradition.

Quel est le lien entre ces deux approches ? La première ne peut pas se produire sans la seconde. Nous ne devons jamais oublier que le caractère unique et la grande force du dharma viennent de ce qu'il est une voie spirituelle complète, dont la lignée pure et vivante est ininterrompue jusqu'à notre époque ; et que si nous perdons cela, nous perdons tout.

Je vois, dans la déclaration du Dalaï-Lama, un schéma directeur pour nous tous, au XXIe siècle, et crucial pour la survie du bouddhisme authentique.

DES SUJETS D'INQUIÉTUDE

Quels moyens le bouddhisme trouvera-t-il à l'avenir pour apporter sa contribution la plus complète à la transformation de la société ? Et en même temps, dans sa rencontre avec le monde contemporain, comment pourrons-nous éviter qu'il soit absorbé et neutralisé, au risque d'être réduit à un instrument de plus pour nous anesthésier, d'être enrôlé et « intégré » dans la société occidentale pour finalement ne devenir rien de plus qu'une ramification intéressante de la psychologie, une branche du New Age, ou une section du mouvement en faveur de la santé ? Je connais aujourd'hui de nombreux maîtres tibétains qui ont ces mêmes préoccupations et se posent les mêmes questions que les bouddhistes occidentaux, dans cette période de transition que nous traversons ensemble. Ils ont aussi des préoccupations qui leur sont propres. Ils voient plusieurs signaux d'alarme en ce qui concerne l'avenir.

Lorsque nous voyons des images bouddhistes sur les panneaux publicitaires, dans les films hollywoodiens ou sur les images de la mode — c'est un témoignage de la popularité du bouddhisme ; c'est peut-être gratifiant, même enthousiasmant — mais en même temps, cela fait froid dans le dos. Car où mènera la popularité du bouddhisme ? Sommes-nous les témoins de la conversion du bouddhisme en produit, en quelque chose qui soit rapide et simple à maîtriser, et qui ignore la discipline et l'application patientes réellement nécessaires sur la voie bouddhiste, comme sur toute autre voie spirituelle ? Quels sont alors les dangers dans la tentative de rendre le bouddhisme aussi conforme que possible aux goûts et aux modes de la société actuelle, tant et si bien que nous éditons ou ré-écrivons subtilement les enseignements du bouddha ? Y a-t-il un risque de « vendre » le bouddhisme de façon trop agressive, trop forcée, à la façon des évangélistes américains ? Tout intérêt de style commercial semble étranger au bouddhisme, qui a toujours mis l'accent sur l'importance de s'examiner soi-même. Mus par notre désir invétéré du « nouveau », quel sera l'effet, à long terme, de chercher à mettre trop tôt en action un peu de connaissance : en nous précipitant trop tôt, dans le seul but d'être productifs ? Mon sentiment, et celui des maîtres que je connais, est que les considérations pratiques ne doivent jamais avoir la priorité sur l'authenticité des enseignements.

COMPRÉHENSION ET CHANGEMENT

Quel que soit notre souci sur la manière de présenter le dharma, notre besoin primordial, en ce qui concerne l'avenir, est d'approfondir notre *compréhension* et notre *expérience* du dharma. Considérons la question des modifications et des adaptations, par exemple. À mon sens, il est temps maintenant de présenter *l'essence* des enseignements sans attirail culturel, et cependant sans compromettre la force ou l'acuité du dharma, tout en offrant quelque chose qui soit approprié aux conditions et à la mentalité des Occidentaux d'aujourd'hui. C'est cela le défi : ne pas rester traditionnel de façon trop rigide, mais nous adapter d'une manière authentique ; ne pas non plus nous précipiter trop vite ni attendre trop longtemps ; mais trouver une voie médiane.

Bien sûr, il est assez facile d'adapter et de modifier, mais ce qui m'a toujours retenu est ce besoin d'être absolument certain que le résultat soit *véritablement* le dharma dans son intégralité. Car une fois que l'on crée une forme, elle a tendance à persister et se révèle ensuite difficile à changer.

Au Tibet, il y a mille deux cents ans, à l'époque de la traduction des enseignements du bouddhisme indien, des maîtres indiens et des traducteurs tibétains exceptionnels étaient là pour inspirer l'intégration complète des enseignements dans un contexte tibétain, et pour trouver le juste équilibre en maintenant l'intégrité des enseignements tout en les canalisant vers les fondements de la culture et de la psyché tibétaines. Je me demande parfois si nous avons aujourd'hui ces mêmes qualités !

Le titre même de « traducteur » (*lotsawa*) avait alors une signification bien plus profonde que de nos jours. C'était un terme de grand respect qui impliquait une compréhension profonde ; Marpa, par exemple, le maître de Milarépa, était appelé « Marpa le traducteur ». Voilà ce dont nous avons aussi besoin aujourd'hui — des érudits authentiques, comme ces pandits indiens et ces grands traducteurs tibétains, qui aient le discernement, en faisant la traduction, de créer la forme appropriée sans *jamais* perdre l'essence. En deux mots, pour effectuer des changements, nous avons besoin d'une compréhension extrêmement claire des enseignements ; il s'agit d'une traduction très subtile et profonde.

Supposons, par exemple, que nous mettions le doigt sur des aspects des enseignements qui nous dérangent et dont nous présumions qu'ils font partie de l'attirail culturel. Comment être sûrs que nous ne faisons pas une énorme erreur, alors qu'en fait, ils font peut-être partie intégrante de l'enseignement ? Nous parlons de l'attirail culturel qui vient de l'Orient, mais lorsque nous abordons le bouddhadharma, nous apportons bien entendu avec nous les idées préconçues de l'Occident, qui sont peut-être encore plus difficiles à identifier ou à dissoudre.

Sa Sainteté le Dalaï-Lama a fait observer que certains aspects de la tradition qui sont effectivement liés à la géographie, à l'époque et à la culture changent quand les conditions sont différentes ; mais beaucoup d'autres aspects sont une manifestation compatissante et habile de la sagesse, et s'appuient sur une vérité intrinsèque. Ainsi, quand les choses deviennent difficiles et complexes, nous devons faire encore plus attention pour ne pas jeter le bébé avec l'eau du bain.

Non que je veuille simplement préserver une « bonne vieille » tradition. Au fond de moi-même, j'ai toujours souhaité profondément trouver des moyens de transmettre le dharma au monde d'aujourd'hui ; cela a été et demeure un apprentissage continuel, avec mes maîtres, avec les enseignements et avec mes propres étudiants.

Cependant, j'ai observé une chose : quand par l'étude, la pratique et l'intégration, les étudiants du dharma arrivent à une compréhension réelle et complète, ils deviennent alors un *réceptacle* pour le dharma, et ils commencent à avoir la « sagesse du discernement ». Je prie pour que cette sagesse du discernement s'accroisse chez les pratiquants du dharma, et que leur compréhension devienne si parfaite que lorsque des adaptations sont faites, elles soient tout naturellement appropriées. Ainsi, une présentation essentielle ou une explication simple des enseignements telle que nous la donnons *aujourd'hui*, ne doit pas s'avérer dans l'avenir limiter la compréhension ou être un obstacle à la plénitude du dharma. La sagesse, la vue pénétrante, l'expérience, la réalisation — tout cela est nécessaire, et particulièrement les moyens habiles.

En tout cas, le défi de notre époque est de naviguer entre les critères de la tradition et ce qui est perçu comme les exigences d'une nouvelle situation. Ce n'est pas une tâche facile, et elle est dangereuse et incertaine. Les décisions prises maintenant pourraient avoir, dans l'avenir, des conséquences à long terme. Et pourtant, nous devons faire face à ce défi et trouver un équilibre subtil entre une audace novatrice et une prudence mesurée, mais à un rythme juste, comme l'a conseillé Sa Sainteté, et avec la compréhension juste.

À chaque fois que j'envisage d'introduire un changement important, je consulte *toujours* mes maîtres, pour être sûr de ne pas tomber dans le piège qui consisterait à simplement apposer « mon » sceau sur l'enseignement.

Deuxième partie

Dans les années à venir, selon moi, les questions primordiales seront : le caractère complet de l'entraînement, l'authenticité du dharma à la fois dans l'enseignement et la pratique, et le soutien du sangha. D'une certaine façon, ils évoquent, respectivement, les principes du bouddha, du Dharma et du Sangha.

L'ENTRAÎNEMENT

Le bouddhadharma s'est établi en Occident, et il n'est pas la prérogative ou le monopole d'un groupe asiatique en particulier. Les Tibétains disent : « Le dharma n'appartient à personne ; il appartient à quiconque a la connaissance véritable. » Les Occidentaux *sont*, *seront* et doivent être, les détenteurs de ces traditions, cependant il ne s'agit pas ici simplement d'autorisation, mais *d'entraînement*, d'éducation. Je sais que la qualité de l'entraînement de nos jours préoccupe de nombreux maîtres de la tradition tibétaine. Ils disent qu'un moine, vénéré aujourd'hui comme docteur de philosophie dans la communauté en exil en Inde, peut, en fait, avoir reçu une formation bien inférieure à celle qu'aurait reçue quelqu'un ayant fait les mêmes études au Tibet dans le passé. Si c'est le cas en Inde, se demandent-ils, alors que dire des critères de l'entraînement en Occident ?

La grande question, de nos jours, est comment, dans un monde turbulent, agité, et effréné, les étudiants peuvent trouver des manières de s'entraîner aux enseignements et de les pratiquer avec la *constance* calme et régulière qui leur sera nécessaire pour réaliser leur vérité. Dans le passé, les gens demeuraient à un endroit et suivaient un maître presque toute leur vie — voyez Milarépa, qui servit Marpa pendant des années, avant que celui-ci le laisse partir pratiquer tout seul ; ou plus près de nous, Dilgo Khyentsé Rinpoché qui servit mon maître Jamyang Khyentsé et demeura avec lui pendant des années. Cela demande une transmission continue, et il n'y a pas de substitut ou d'alternative à la constance et à la stabilité.

Même dans mon travail personnel, j'ai vu comment les étudiants peuvent parvenir à des résultats remarquables, quand ils consacrent du temps à l'entraînement de l'esprit et au travail sur eux-mêmes dans un environnement propice.

Du point de vue traditionnel, l'entraînement est adapté selon que la personne désire devenir un pratiquant, un érudit ou un enseignant, mais dans tous les cas, une base solide dans l'enseignement fondamental du dharma est nécessaire. Les points principaux, le cœur de l'enseignement doivent être inculqués à l'esprit de l'étudiant pour qu'il ne les oublie jamais. Par exemple : éviter de faire le mal, le point crucial du Véhicule Fondamental ; le développement du bon cœur, l'essence du Mahayana ; et la perception pure, le cœur du Vajrayana.

Il doit également y avoir des bases solides dans :

- la pratique de la méditation ;
- l'entraînement à la compassion ;
- la compréhension de la nature de l'esprit.

Dans mon travail, au fil des années, j'ai découvert combien il est important que les étudiants établissent cette base dans le dharma et parviennent réellement à une compréhension intérieure, dans le type d'environnement approprié. C'est une chose à laquelle il leur est nécessaire de revenir, encore et encore, tout en persévérant, en s'appuyant sur différentes formes de soutien, et en suivant une voie progressive d'étude et de pratique, où ils peuvent accomplir ce qui leur est possible, au niveau où ils se trouvent.

L'approche la plus appropriée est le Mengak Nyongtri Chenpo, la méthode de Patrül Rinpoché, qui provient de la lignée du Dzogchen, où le maître applique l'entraînement à l'expérience de l'étudiant. Les exigences traditionnelles de la pratique peuvent être adaptées, d'une certaine façon, à l'expérience de l'étudiant.

Transmettre les enseignements du bouddha est une immense responsabilité et exige toujours de nous un examen de notre *motivation* personnelle. Un de mes maîtres, Nyoshul Khen Rinpoché, me raconta qu'une fois, quelqu'un lui avait demandé : « Quelles sont les qualités nécessaires pour enseigner le dharma ? » et qu'il lui répondit : « Avoir une motivation pure. » Le souci principal des maîtres tibétains sera toujours que premièrement la source de la transmission soit *pure*, et deuxièmement que la motivation pour enseigner soit *pure* — l'idéal du bodhisattva. Les qualités essentielles d'un pratiquant du dharma, qu'à ma connaissance un maître recherchera toujours en prévision de la continuité de la lignée, sont qu'il soit un *bon* être humain : fiable, authentique, son caractère et son être au niveau le plus fondamental domptés par l'enseignement du dharma lui-même, et sa motivation, celle de la bodhicitta. Le Dalaï-Lama nous a mis en garde : « Trop de gens n'ont le dharma que sur les lèvres. Au lieu d'utiliser le dharma pour détruire leurs propres émotions négatives, ils voient le dharma comme une possession et eux-mêmes comme le propriétaire. » Celui qui enseigne doit, à tout prix, éviter de faillir au bouddhadharma, à cause de ses limitations personnelles, de son ego et de ses idées personnelles.

LES ENSEIGNEMENTS

Une autre tâche, dont l'importance est également cruciale, sera de maintenir l'intégrité de ce que l'on appelle en tibétain le shédroup kyi tenpa, l'enseignement de l'étude et de la pratique. Ils doivent toujours aller de pair. De nombreux maîtres tibétains sont préoccupés de voir que les gens étudient sans plan d'ensemble, au lieu de suivre une voie complète en étudiant les principaux textes bouddhistes. L'étude du dharma est essentielle, et pourtant le but n'est pas simplement d'apprendre pour apprendre : l'étude doit toujours être alliée à la pratique. Le Dalaï-Lama a écrit : « Le bouddhisme accorde une grande importance à l'investigation intérieure, à l'entraînement qui vise à développer l'esprit. D'un point de vue bouddhiste, enseigner et étudier le dharma ne constituent pas seulement une recherche académique. Nous étudions et enseignons le dharma pour discipliner nos esprits turbulents. »

Cette tradition a produit les érudits pratiquants les plus étonnants, qui sont entrés profondément dans l'expérience de la pratique des enseignements. Je pense à nouveau à Sa Sainteté, comme exemple de premier ordre. Quand il s'agit de l'étude et de la pratique du dharma, il ne faut pas compromettre sa profondeur, sa sagesse, et ses moyens habiles, sinon nous pourrions nous retrouver, dans l'avenir, avec un bouddhisme qui ne s'appuie pas sur les enseignements du bouddha. Dans une société sans culture spirituelle et sans le discernement qu'elle procure, les gens sont crédules et seront donc incapables de distinguer ce qui est ou n'est pas un bouddhisme authentique.

Il y a deux questions particulières qui, d'après moi, ont une signification fondamentale pour l'avenir : la nécessité de cultiver une *appréciation* beaucoup plus profonde des enseignements et de ce qu'ils offrent et représentent vraiment ; et l'attention qui doit être accordée à la façon dont une véritable *intégration* des enseignements peut se produire dans l'esprit et le cœur de l'étudiant.

1. *L'appréciation*

Je suis constamment étonné par le pouvoir de transformation des enseignements et par leur caractère thérapeutique. De plus en plus, je réalise à quel point nous sommes aveugles aux réponses que contiennent les enseignements ; si nous les explorons et les expérimentons pleinement, puis les dirigeons vers le cœur d'un problème ou d'une illusion, ils peuvent avoir des effets extraordinaires. Je crois que souvent, nous n'explorons pas vraiment les enseignements eux-mêmes dans tout leur contenu, et nous ne les laissons pas toucher le cœur des difficultés réelles que les gens et les pratiquants du dharma traversent aujourd'hui.

Cela fait maintenant de nombreuses années que les questions suivantes attirent mon attention : comment les gens peuvent-ils s'inspirer et se soutenir sur le chemin spirituel ? De quelle manière peuvent-ils tirer le plus grand bénéfice de leur compréhension et de leur réalisation ? Comment pouvons-nous véritablement appliquer les enseignements à nous-mêmes et aux difficultés que nous rencontrons ?

En avril 1998, j'ai passé un mois en retraite avec un groupe d'étudiants, dans notre centre de retraite du sud de la France. Là, nous avons pénétré et approfondi les enseignements ; nous avons examiné les enseignements fondamentaux, mais du point de vue le plus élevé, et ensemble, nous avons exploré leur signification, au cours d'une contemplation et d'une réflexion tranquilles. J'ai été émerveillé par la réalisation et les progrès que les étudiants ont accomplis dans leur compréhension en un laps de temps aussi court. Cela m'a montré que, dans un environnement spécial, les étudiants peuvent faire des découvertes sur eux-mêmes qu'ils conserveront longtemps, éclairant des zones obscures, transformant vraiment leur façon de se percevoir et leur offrant une capacité nouvelle pour surmonter les défis que la vie leur lance et les obstacles qui s'élèvent dans leur esprit. Cela m'a énormément touché et je salue leur compréhension, leur courage et leur dévouement sans réserve.

Par exemple, quelqu'un a dit avoir soudain commencé à voir clair dans les stratagèmes de l'ego, et à démasquer l'illusion pour ce qu'elle était — une mascarade derrière les humeurs de tous les jours et la frustration monotone qui faisaient écran au dharma et le privaient de la possibilité de changer. Quelqu'un d'autre mit le doigt sur une méthode qui lui permettait, avec habileté, de se montrer plus malin que l'un des pièges que l'ego lui tendait à l'ordinaire. Plusieurs personnes parvinrent à un degré d'engagement jamais atteint auparavant, leur permettant de prendre, personnellement, la responsabilité d'entraîner leur esprit. Une pratiquante du dharma de longue date comprit une notion habituelle qui la poursuivait subtilement depuis de nombreuses années —

selon laquelle le bonheur existait en dehors d'elle-même et « ailleurs ». Elle découvrit en outre que le dharma est une source immense d'accomplissement, de satisfaction intérieure et de contentement ; elle réalisa que, jusqu'à ce que nous puissions trouver le bonheur et la joie dans le dharma, il est difficile de renoncer complètement au samsara, et qu'un véritable renoncement est loin d'être sombre, triste et impitoyable.

Différents aspects de l'enseignement — la méditation, la réflexion, l'amour, la compassion et la visualisation — lorsqu'ils sont explorés avec profondeur et inspiration, s'adressent, chacun à leur façon, aux aspects « difficiles » de nous-mêmes, en nous aidant à dissoudre les masques et les personnages derrière lesquels nous nous cachons. Un changement apparemment extrêmement simple peut avoir un effet énorme dans la vie d'une personne : la décision d'être heureux, ou d'abandonner et d'en finir avec une histoire du passé.

À de tels moments, les étudiants peuvent se permettre de trancher leurs attachements au samsara et à ses cachettes secrètes. Ils peuvent reconnaître que l'illusion et la souffrance emprisonnées depuis des années dans leur cœur et dans leur esprit n'existent que dans leur esprit et nulle part ailleurs. Et une fois qu'elle a été révélée pour ce qu'elle est, l'illusion n'a plus le pouvoir de tromper.

À mon sens, les enseignements eux-mêmes, *tels que nous les avons maintenant*, peuvent nous aider dans les problèmes auxquels nous sommes confrontés aujourd'hui si nous les appliquons avec savoir-faire et persévérance.

Prenons un dernier exemple : quelle source d'inspiration et quelle guérison, pour ceux qui souffrent de manque d'amour, se voient coincés dans une histoire douloureuse ou croient n'avoir jamais été aimés, que de découvrir comment recevoir l'amour et les bénédictions des bouddhas grâce aux enseignements eux-mêmes. Cela peut leur donner une nouvelle façon de se percevoir, et leur enseigner qu'il y a, emprisonné en eux, un trésor inépuisable d'amour et de compassion, qui attend seulement que leur cœur s'ouvre pour se libérer. Pénétrer dans l'amour et la compassion des enseignements révèle en nous une fontaine d'amour où nous pouvons ensuite puiser pour donner à autrui.

2. *L'intégration*

D'autre part, pour que l'enseignement et la pratique aient tout leur impact, un point est très important, bien que souvent négligé : l'intégration. Afin que le dharma se fortifie pour l'avenir, et que les gens survivent et arrivent à un accomplissement sur le chemin spirituel, il est nécessaire d'examiner en détail comment un étudiant peut être aidé à traverser les différentes étapes du chemin, que Gampopa, le disciple de Milarépa, a décrites dans sa célèbre prière :

Accordez vos bénédictions afin que mon esprit se tourne vers le dharma.

Accordez vos bénédictions afin que le dharma progresse le long du chemin.

Accordez vos bénédictions afin que le chemin clarifie la confusion.

Accordez vos bénédictions afin que la confusion se transforme en sagesse.

Beaucoup trop souvent, ceux qui entrent dans le dharma ne font qu'attendre passivement que les enseignements viennent à eux. Notre engagement dans les enseignements doit être plus actif. Nous devons les appliquer à nous-mêmes et faire un effort conscient pour les garder vivants. Peut-être entendons-nous les enseignements, mais nous les mettons si peu en action ! C'est pourquoi il est nécessaire de les entendre encore et encore, si bien que ce que nous devrions faire devienne très clair, comme notre seconde nature. Ensuite, par la pratique, cela devient une bonne habitude naturelle. Sinon il y a un fossé énorme entre ce à quoi nous aspirons et ce que nous sommes, et nos aspirations spirituelles nous distancent.

Fréquemment, nous résistons au changement et nous nous enracinons dans le samsara, laissant la vérité des enseignements souffler au-dessus de nous comme une brise qui ne nous touche que superficiellement. D'une certaine façon, nous repoussons la vérité des enseignements en les rationalisant, en les réduisant à l'ordinaire, ou en les « spiritualisant », au lieu de les prendre personnellement.

Notre problème majeur est, sans aucun doute, l'oubli. Oublier, c'est ignorer, et ignorer, c'est l'ignorance. Nous pouvons, à un moment donné, réaliser quelque chose de stupéfiant et être incroyablement inspirés ; et le moment suivant, avec la distraction, l'ego et le samsara, tout a disparu. Bien des maîtres doivent souvent se sentir un peu comme Avalokiteshvara qui, après avoir sauvé d'innombrables êtres des enfers, fut atterré lorsqu'il regarda en arrière et vit qu'un nombre incalculable d'êtres y affluaient à nouveau.

Ainsi, quelle que soit notre réalisation ou notre compréhension, nous devons la laisser prendre tout son impact ; cela seul lui permettra d'amener une transformation. Réaliser est une chose, mais suivre et se montrer à la hauteur de cette réalisation est vraiment une autre affaire. En se souvenant constamment de nos moments de réalisation, en les accumulant, en les couchant même par écrit dans un carnet d'intuitions, nous découvrirons qu'ils confirment la justesse des enseignements et les rendent de plus en plus puissants. Il est nécessaire que les étudiants rendent leurs réalisations vivantes, qu'ils en prennent soin et appliquent les enseignements, afin de ne pas retomber dans leurs anciennes habitudes.

D'une certaine façon, toute réalisation est un engagement vis-à-vis des enseignements, du maître et de nous-mêmes. En fait, les étudiants ont une responsabilité envers les enseignements : celle de s'en souvenir, de les appliquer à eux-mêmes encore et encore et de maintenir leur clarté. Une telle discipline devient un entraînement de l'esprit : petit à petit, les obscurcissements se morcellent et, de plus en plus, nous voyons que les émotions négatives n'ont que la réalité que nous leur accordons. Occuper l'esprit avec la pratique et l'enseignement permet de moins en moins aux émotions de nous prendre par surprise, de nous entraîner.

Je ressens très fortement qu'il y a là quelque chose d'important si nous considérons l'avenir du bouddhadharma en Occident.

Alors qu'il y a tellement de façons de rester coincé sur le chemin, d'être distrait ou de l'abandonner entièrement, quel genre de soutien les gens peuvent-ils trouver ? Comme le dit Sa Sainteté le Dalaï-Lama : « En Orient, même si vous ne voulez pas pratiquer, la culture vous y attire ; en Occident, même si vous voulez vraiment pratiquer, la culture vous en retient. » Il n'y a pas de culture spirituelle dans la plupart des régions du monde moderne, et tout est conçu pour décourager la pratique spirituelle, au lieu de l'encourager. Un effort vigoureux dans ce domaine est nécessaire pour aider les gens non seulement à survivre, mais à accomplir leur pratique et à l'améliorer.

Dans un sens profond, donc, l'intégration elle-même est l'avenir, car lorsque nous nous immergeons dans l'enseignement et la pratique, nous sauvegardons le dharma en nous-mêmes ; et de là viendront toutes sortes d'actions appropriées. Comme Thich Nhat Hanh l'a dit : « Le bouddhisme engagé ne signifie pas seulement employer le bouddhisme pour résoudre les problèmes sociaux et politiques. Nous devons tout d'abord amener le bouddhisme dans notre vie quotidienne. »

3. *Le soutien du sangha*

Un facteur d'une signification vitale et croissante pour l'avenir est le sangha et le soutien qu'il peut apporter, grâce à une communication véritable avec des amis spirituels authentiques. La recherche (comme celle du Dr Dean Ornish dans son livre *Love and Survival*) a montré l'effet direct que l'amour et le soutien émotionnel ont sur la santé physique et la longévité. Il en sera de même pour un sangha où les pratiquants se soutiennent mutuellement : l'effet sur les individus et sur l'aptitude de la communauté à se maintenir sera profondément positif, et facteur de guérison et de protection. La force du sangha est particulièrement importante en Occident, où il n'y a pas de culture pour entretenir les valeurs du dharma.

J'ai vu combien de fois, grâce à un amour pur et à une amitié sincère, il est possible d'aider les gens à traverser toutes sortes de bouleversements et de défis.

Quand nous sommes la proie des malentendus et de la confusion, quand les émotions s'enflamment et que les circonstances les grossissent hors de toute proportion, nous avons besoin d'être aidés et orientés vers les bons enseignements. Sans aucun jugement, mais avec une compréhension et une acceptation totales, un ami spirituel peut indiquer et rappeler le dharma, et ramener toujours la personne sur le chemin avec doigté et sensibilité. De même, le partage des expériences entre les étudiants peut constituer un encouragement et un soutien immenses.

L'essence du bouddhadharma est la transformation individuelle, et l'avenir réside en ceux qui personnifient et portent le dharma, plus qu'en de grandes institutions. La question principale qui se pose pour l'avenir de l'enseignement dans le monde moderne est celle-ci : Comment ceux qui suivent les enseignements peuvent-ils être aidés à trouver l'environnement juste, extérieur et intérieur, où ils puissent les pratiquer pleinement, les suivre jusqu'au bout et parvenir à réaliser et à incarner leur essence ?

La création d'un environnement où les gens peuvent suivre cet entraînement approfondi au bouddhadharma souligne le rôle des communautés et leur importance pour l'avenir du bouddhisme en Occident : des communautés d'individus, où qu'ils soient, en ville ou à la campagne, qui pratiquent et étudient ensemble sur une longue période.

L'importance de véritables centres monastiques ne fait aucun doute. Mais quel type d'environnement créons-nous pour ceux qui ont reçu l'ordination ? Si l'environnement créé apporte un réel soutien, il sera plus facile pour les moines et les nonnes de vivre en tant que tels. Un soutien émotionnel leur est aussi nécessaire. Parfois, une institution à elle seule ne suffit pas.

Étant donné que la majorité des étudiants occidentaux sont laïcs, il est également nécessaire d'explorer une voie médiane entre la voie monastique de l'ordination et celle des pratiquants laïcs habituels. C'est pourquoi, dans notre communauté, nous avons développé ce que nous appelons le « sangha pratiquant » : ce sont des étudiants qui se consacrent à la pratique et qui vivent habituellement dans un centre, où ils partagent leur temps entre un programme de pratique régulier, le travail et les enseignements.

Une autre question importante est l'aide à ceux qui n'ont pas de sangha à proximité de leur domicile. Ici, une vision à long terme est nécessaire, et si possible, il faudrait pouvoir offrir un choix de cours de durées et de niveaux variés. Il nous faut trouver les moyens permettant aux gens, en l'absence d'un sangha proche, de devenir amis avec eux-mêmes et de créer un environnement propice au dharma chez eux, avec les enseignements, des cassettes audio et vidéo, des livres et des manuels. Il serait bon qu'ils rencontrent régulièrement la communauté la plus proche et clarifient leur pratique, qu'ils choisissent un frère ou une sœur du dharma avec qui ils ont une affinité particulière et qu'ils peuvent appeler, et que de temps en temps ils participent à un grand enseignement ou à une retraite majeure. En utilisant de tels éléments créativement, on peut vraiment trouver de l'aide pour suivre la voie et triompher des défis et des difficultés. C'est cela que nous avons cherché à développer dans nos communautés.

Conclusion

Ainsi, l'ouverture entre les différentes traditions, la préservation de la pureté de la lignée, la patience, la compréhension et les moyens habiles face au changement, l'entraînement des étudiants et des enseignants, l'exhaustivité de l'étude et de la pratique, l'appréciation, l'application et l'intégration toujours plus grandes des enseignements, le soutien du sangha et le développement des communautés et d'un environnement propice au dharma — tout cela a un rôle à jouer pour assurer l'avenir du bouddhadharma.

Le bouddhisme est arrivé à un point où — cela est certain en ce qui concerne la tradition tibétaine — chaque lignée doit examiner son propre avenir et tenir des conférences et des assemblées composées de maîtres éminents, comme cela se produisait à Samyé, au Tibet, au VIIIe siècle.

De même, il est clair que l'éducation doit être notre priorité, et que nous devons offrir différentes sortes de formations : d'un côté, l'entraînement traditionnel bouddhiste à l'étude des Écritures et à la pratique, mais adapté au monde contemporain, et d'un autre, des formations destinées à ceux qui ne s'investissent pas autant, ou à des catégories de gens ayant un intérêt spécifique. Je suis pleinement d'accord avec mon ami Bob Thurman quant au besoin de proposer le cœur du bouddhisme au système éducatif, à tous les niveaux, et de créer des universités contemplatives.

L'avenir de l'humanité est clairement lié à l'accessibilité des enseignements spirituels tels que le bouddhadharma. Le sens pratique et l'ingéniosité de l'Occident peuvent rendre le dharma plus accessible. Il y a de nos jours une soif et un besoin de vision spirituelle presque désespérés. Je crois que le bouddhadharma peut jouer un grand rôle pour répondre à ce besoin chez toutes sortes de gens et pour construire une culture spirituelle ici, en Occident.

Le Dalaï-Lama a dit : « Une nouvelle façon de penser est devenue la condition nécessaire à une vie et une action responsables. Si nous maintenons des valeurs et des croyances caduques, une conscience fragmentée et un esprit égocentrique, nous continuerons à nous en tenir à des buts et à des comportements dépassés. » Avec sa perspective radicale sur le monde, ses trésors tels que l'entraînement à la compassion et la connaissance de l'interdépendance, le bouddhadharma nous offre une nouvelle façon de penser, et davantage. Et il touche directement aux problèmes de notre temps.

Dédicace

Pour terminer, j'aimerais prier pour la longue vie de ceux qui enseignent, en Orient comme en Occident, pour que les enseignements du bouddha continuent à être florissants ici en Occident, pour que vous progressiez tous rapidement sur le chemin vers l'éveil, et pour que tous les êtres soient libres de la souffrance et atteignent le bonheur ultime de l'éveil. J'aimerais également ajouter combien j'apprécie et remercie Al Rapaport pour sa vision et tout le travail qu'il a consacré à concevoir et réaliser les conférences intitulées « Le bouddhisme en Amérique ».

LE CŒUR SPIRITUEL DE LA MÉDECINE TIBÉTAINE

Sa contribution au monde contemporain

Le premier congrès international de la médecine tibétaine eut lieu à Washington, aux États-Unis, en novembre 1998. Cette rencontre exceptionnelle, inauguré par Sa Sainteté le Dalaï-Lama, réunit des médecins tibétains, des lamas, des docteurs et des spécialistes de la médecine venus de nombreux pays. Sogyal Rinpoché fut invité à prendre la parole le matin de l'inauguration.

Votre Sainteté, docteurs et érudits distingués, mesdames et messieurs, c'est un grand honneur pour moi aujourd'hui de m'adresser à vous à l'occasion de ce congrès international de la médecine tibétaine. Je vais tenter d'explorer, très brièvement et avec ma compréhension restreinte, les dimensions spirituelles et mentales de la guérison dans la tradition bouddhiste du Tibet. Je parlerai à partir de mon expérience personnelle de ce qui, à ma connaissance, est efficace en Occident. Ma compréhension est entièrement et uniquement due à la bonté infinie de mes maîtres, et particulièrement à Jamyang Khyentsé Chökyi Lodrö, Dudjom Rinpoché et Dilgo Khyentsé Rinpoché, qui personnifient si parfaitement la sagesse et la compassion de la voie bouddhiste.

Introduction

La science ancienne de la médecine tibétaine est enracinée dans les enseignements du bouddha, et l'essence de ces enseignements est l'importance capitale de l'esprit. Le bouddha a dit :

> « *Ne commettre aucune action négative,*
> *Cultiver un trésor de vertu,*
> *Dompter cet esprit qui est le nôtre,*
> *Tel est l'enseignement du bouddha.* »

Il a dit également :

« *Nous sommes ce que nous pensons.*
Tout ce que nous sommes s'élève avec nos pensées.
Avec nos pensées, nous créons le monde.
Parlez ou agissez avec un esprit pur,
Et le bonheur vous suivra. »

L'esprit est à la fois la source du bonheur et la racine de la souffrance : il possède une capacité extraordinaire de guérison, mais il a aussi sa part de responsabilité dans la maladie.

Mais comment, exactement, l'esprit peut-il provoquer la maladie physique ? Les Quatre Tantras, sources officielles de la médecine tibétaine, sont très explicites :

« Voici une explication de la cause *générale* de toutes les maladies. Il y a une seule et unique cause… et il est dit que c'est l'ignorance, due au fait de ne pas comprendre la signification du “non-soi”… »

« Quant aux causes *spécifiques* : de l'ignorance naissent les trois poisons de la saisie, de la haine et de la fermeture d'esprit ; de celles-ci résulte la production des troubles du vent, de la bile et du flegme. »

La source fondamentale de la maladie est diagnostiquée comme étant l'ignorance, autrement dit l'attribution à nous-mêmes et au monde qui nous entoure d'un sentiment erroné de soi, durable et indépendant. D'après la tradition de la médecine tibétaine, cela éveille :

• l'avidité et le désir, qui sont responsables des troubles du « vent » (*loung*) ;
• la haine et l'orgueil, qui causent les troubles de la « bile » (*tripa*) ;
• et la désorientation et la fermeture d'esprit qui provoquent les maladies du « flegme » (*béken*).

Cela fait des années maintenant qu'il y a dans le monde une compréhension croissante de la corrélation entre l'esprit et le corps, et du lien entre une santé défectueuse et la façon dont nous faisons face au stress et aux émotions. Dans son livre *L'Intelligence émotionnelle*, Daniel Goleman écrit : « Chez les personnes qui connaissent une anxiété chronique, de longues périodes de tristesse, qui sont constamment sous tension, agressives ou font preuve d'une méfiance ou d'un cynisme excessifs, le risque de maladie est deux fois plus important... En cela, les émotions négatives constituent un facteur de risque analogue au tabagisme ou à un taux de cholestérol élevé pour les maladies cardio-vasculaires ; en d'autres termes, elles représentent une lourde menace pour la santé. »

Tout comme les émotions douloureuses peuvent provoquer des troubles, les états positifs, *qui élèvent l'esprit,* peuvent promouvoir une bonne santé : des états tels que la paix de l'esprit, l'optimisme, la confiance, l'humour, l'amitié, la joie, l'amour, la bonté, la compassion et la dévotion. Encore une fois, cela a également été observé d'innombrables fois en Occident, et récemment par exemple avec Norman Cousins, qui a recouvré la santé par le rire, et avec les découvertes du Dr Dean Ornish, publiées dans son livre *Love and Survival,* sur les effets du soutien émotionnel et de l'amour sur la santé physique et la longévité.

L'idée maîtresse de la pratique bouddhiste est précisément d'éliminer ces états d'esprit négatifs et de cultiver ceux qui sont positifs, transformant ainsi notre esprit et ses émotions, et par là même, guérissant notre être entier : corps, parole, esprit et cœur.

L'approche bouddhiste de la transformation de l'esprit commence par le travail sur nos attitudes à l'égard de la vie, en employant le pouvoir de la raison pour analyser nos illusions, nos émotions perturbatrices et même nos présomptions fondamentales, dans le but de trouver, très simplement, une façon d'être heureux. Un maître tibétain, Dodrouptchen Jikmé Tenpé Nyima, explique très clairement le lien entre la paix de l'esprit, le bonheur et la santé :

« Chaque fois qu'un être sensible ou un événement quelconque vous blesse, si vous prenez l'habitude de ne percevoir que l'aspect douloureux de la situation, le problème même le plus infime causera une angoisse immense dans votre esprit. En effet, la nature même de toute perception ou idée, bonheur ou chagrin, est de se renforcer par la répétition. Au bout d'un certain temps, la puissance répétitive de cette expérience s'accroissant progressivement, la majeure partie de ce que vous percevrez deviendra effectivement la cause de votre malheur, et *le bonheur n'aura plus une seule chance...*

« Si vous n'êtes pas à la merci de la souffrance causée par l'anxiété, non seulement toutes les autres sortes de souffrance se dissiperont comme des armes tombant des mains des soldats, mais même les maladies disparaîtront normalement d'elles-mêmes.

« Les sages d'autrefois disaient : "Lorsque vous n'êtes ni malheureux, ni insatisfait de quoi que ce soit, l'esprit n'est pas perturbé. Si l'esprit n'est pas perturbé, l'air intérieur (vent) n'est pas perturbé. Ce qui veut dire que les autres éléments du corps ne sont pas perturbés non plus. Pour cette raison, votre esprit ne sera pas perturbé, et la *roue du bonheur incessant* tournera." »

Une telle contemplation fait partie de l'entraînement bouddhiste de l'esprit à l'amour bienveillant et à la compassion, appelé « Lodjong ». Étant donné que la cause ultime de toute notre souffrance et de notre maladie est notre fixation sur une vue erronée du soi, notre saisie égoïste constante et les émotions négatives qu'elle provoque, rien ne peut être plus efficace ou habile comme remède que de plonger l'esprit dans l'amour, la compassion, l'altruisme et la pensée d'autrui.

Les pratiques bouddhistes de compassion et d'amour ont un pouvoir immense pour transformer les émotions et guérir nous-mêmes et autrui. L'une d'elles a eu un impact très fort chez les Occidentaux : Tonglen, la pratique de « donner et recevoir ». En imagination, les pratiquants font appel à toutes leurs ressources d'émotion positive et s'entraînent à recevoir, par compassion, la souffrance et les maladies d'autrui, et à donner, par amour, toutes les sources et les formes de bonheur et de bien-être.

La pratique de Tonglen réduit et élimine l'ego qui saisit, tout en renforçant notre souci pour autrui. En conséquence, cette pratique s'est avérée profondément thérapeutique, spécialement chez ceux qui ressentent un manque dans leur vie, ou de l'insatisfaction, ou même la « haine de soi », choses si répandues de nos jours. C'est pourquoi j'ai développé une série de pratiques qui utilisent Tonglen pour faciliter une telle guérison.

Au Tibet, le pouvoir de guérison de Tonglen était légendaire ; en Occident, aujourd'hui, le potentiel de pratiques telles que celles-ci reste largement inexploré ; à mon sens, elles pourraient avoir des résultats étonnants si elles étaient appliquées plus généralement dans les cas de maladies mentales et physiques.

La méditation

J'aimerais mentionner une autre pratique qui s'est avérée, pour tant de personnes travaillant avec des malades, dans un contexte ou un autre, être une source profonde de guérison : il s'agit de la méditation. L'esprit de la méditation bouddhiste est merveilleusement rendu par Nyoshul Khen Rinpoché :

« *Laissez reposer dans la grande paix naturelle*
Cet esprit épuisé,
Battu sans relâche par le karma et les pensées névrotiques,
Semblables à la fureur implacable des vagues qui déferlent
Dans l'océan infini du samsara.
Demeurez dans la grande paix naturelle. »

Par la pratique du « repos calme » ou « méditation de la tranquillité », notre esprit pensant, agité, s'établit dans un état de profonde paix intérieure. Les aspects antagonistes et fragmentés de nous-mêmes commencent à se déposer et à devenir amis. La négativité et l'agressivité sont désarmées. La frustration, la tension et les émotions turbulentes sont désamorcées ; enfin la méchanceté et le mal en nous sont dissipés, révélant notre « bon cœur » inhérent. Ainsi, la méditation est un véritable « désarmement intérieur ».

De cet état de « repos calme » émergent la vue profonde et la clarté expansive de la « vision claire » : la dualité se dissout ; l'ego diminue et la confusion s'évapore ; toute notre vision de nous-mêmes se transforme et nous donnons de l'espace aux émotions, nous en tirons des leçons et nous devenons libres de leur domination.

Quand cette « vision claire » s'approfondit, progressivement, elle nous mène à une expérience de la nature intrinsèque de la réalité, et de la nature de notre esprit. En effet, lorsque les pensées et les émotions semblables aux nuages se dissipent, la nature semblable au ciel de notre être véritable se révèle ; et de là rayonne notre nature de bouddha, la bodhicitta, comme le soleil. Et de même que la lumière et la chaleur resplendissent du soleil, la sagesse et la compassion aimante rayonnent de la nature la plus secrète de l'esprit. La préhension d'un soi erroné, ou ego, s'est dissoute, et nous demeurons simplement, autant que nous le pouvons, dans la nature de l'esprit, cet état le plus naturel qui soit, libre de toute référence ou de tout concept, libre d'espoir ou de crainte, et cependant plein d'une confiance tranquille et lumineuse — la forme de bien-être la plus profonde que l'on puisse imaginer.

Une instruction orale qui provient des grands maîtres du passé fait, pour moi, résonner cette nature la plus secrète de l'esprit. En tibétain :

Tchou ma nyok na dang,
Sem ma chö na dé.

Rien ne pourrait être à la fois plus simple et plus expressif : L'eau, si on ne l'agite pas, devient claire — c'est un fait. Exactement de la même manière, la nature même de l'esprit est telle que si on ne l'altère pas, si on ne la fabrique pas, si on ne la manipule pas par des pensées inutiles, elle trouvera d'elle-même son propre état naturel de paix et de bien-être.

Tant de gens ont découvert à quel point un simple aperçu de la nature de l'esprit peut être totalement transformateur, purificateur et régénérant. Car si nous devons le « mal-aise » au fait d'avoir perdu de vue notre vraie nature, reconnaître la nature de notre esprit est nécessairement la guérison ultime.

Padmasambhava, le grand maître qui introduisit le bouddhisme au Tibet au VIIIe siècle, clarifie ceci davantage :

« Ne voyez pas la maladie comme un obstacle, ne la considérez pas non plus comme une vertu. Laissez votre esprit sans fabrication, et libre… en tranchant le flot des pensées conceptuelles… les anciennes maladies disparaîtront d'elles-mêmes et les nouvelles ne pourront vous atteindre. »

Conclusion

Les pratiques de guérison se classent généralement en trois approches différentes : la prévention, l'application d'antidotes, et la transformation. Nous pourrions les comparer, en prenant un exemple de tous les jours, au fait d'éviter notre ennemi, de lui faire face et de traiter avec lui, ou d'en faire un ami. Aujourd'hui, j'ai seulement abordé la méditation et l'entraînement de l'esprit à l'amour bienveillant et à la compassion, mais il existe un large éventail de pratiques de guérison, particulièrement dans la tradition bouddhiste du Vajrayana, où la guérison est accomplie grâce à la transformation. Certaines de ces pratiques seront présentées au cours de ce congrès. Elles emploient toutes sortes de moyens habiles — la visualisation, l'image mentale, le son, le mantra, le mouvement et le yoga — et embrassent toutes les facettes de l'esprit humain — l'imagination, l'intellect et l'émotion. Certaines de ces méthodes ont été utilisées avec efficacité pour combattre des maladies telles que le cancer ou le sida.

Pour conclure, il me semble que les grands pratiquants et les grands maîtres de la lignée du bouddhisme tibétain sont les témoins les plus parlants de son pouvoir et de sa force véritables ; leur seule présence est en soi une source profonde de guérison. Notre bonne fortune est d'avoir parmi nous aujourd'hui un tel représentant, en la personne de Sa Sainteté le Dalaï-Lama.

C'est largement grâce à Sa Sainteté, à mon sens, que la médecine tibétaine a persisté et prospéré comme elle l'a fait. J'aimerais ici saluer le

Tibetan Medical and Astrological Institute de Dharamsala, en Inde, l'une des toutes premières institutions tibétaines à avoir été établies en exil par Sa Sainteté. En même temps, qu'il me soit permis ici de rendre hommage à tous les autres médecins tibétains et aux centres de médecine tibétaine dans le monde.

Voir un congrès important comme celui-ci, sur la médecine tibétaine, auquel assistent tant de médecins, scientifiques et érudits distingués, venus de partout dans le monde, me donne un plaisir immense ; je l'applaudis et je félicite les organisateurs de tout mon cœur. Il nous offre des perspectives passionnantes, et j'espère qu'à la suite de ce congrès, le dialogue se poursuivra. L'approche holistique de la médecine tibétaine, qui traite à la fois du corps et de l'esprit, contient une promesse immense, mais jusqu'ici nous n'avons fait qu'effleurer la surface de ce qu'elle a à offrir au monde. Alors que nous entrons dans le XXIe siècle, nous pouvons, et devons, imaginer des recherches de toutes sortes : par exemple, comment rendre ces étonnantes méthodes de guérison bouddhistes disponibles en même temps que la médecine tibétaine, dans l'environnement approprié et à des patients qui sont réceptifs, et explorer ainsi l'association de leurs pouvoirs de guérison.

Et pourtant, pour que la tradition de la médecine tibétaine puisse répondre plus efficacement aux besoins des gens, il me semble que deux choses sont nécessaires :

1. Une plus grande compréhension et communication entre les médecins tibétains eux-mêmes, et

2. Un échange et une collaboration plus poussés entre les médecins tibétains et les médecins et les scientifiques occidentaux, de telle sorte qu'ils ne compromettent jamais l'intégrité de la médecine tibétaine.

Comme le dit Sa Sainteté en effet :

« La médecine tibétaine est un système cohérent de soins médicaux qui a bien servi les Tibétains pendant des siècles, et qui, je crois, peut encore procurer beaucoup de bienfaits à l'humanité. La difficulté rencontrée pour accomplir cette tâche relève de la communication car, comme tous les autres systèmes scientifiques, la médecine tibétaine doit être comprise dans ses propres termes, de même que dans le contexte d'un examen objectif. »

Alors, j'en suis certain, la médecine tibétaine prendra la place qui lui revient, en tant que système de médecine et de guérison majeur et universellement respecté, et démontrera qu'elle a de plus en plus à offrir, dans un monde où s'accroissent les maladies et les troubles, jusqu'à l'élimination totale de la souffrance.

Une version modifiée de cet article a paru dans Alternative Therapies in Health and Medicine, *mai 1999, vol. 5, n° 3, pp. 70-72. Le discours de Sa Sainteté le Dalaï-Lama au congrès « The Relevance of Tibetan Medicine Today » apparaît dans le même numéro, pp. 67-69.*

VUE JUSTE, VUE ERRONÉE

Un jour, le bouddha conta l'histoire d'un jeune marchand, marié à une très belle femme et père d'un petit garçon. Or sa femme vint à tomber malade et mourut ; l'homme reporta alors toute son affection sur l'enfant, qui devint son unique source de bonheur et de joie. Un jour que ses affaires l'avaient éloigné de chez lui, une bande de brigands mit le village à feu et à sang, et enleva son fils alors âgé de cinq ans. À son retour, un immense chagrin l'anéantit devant le désastre survenu en son absence. Dans les décombres, il découvrit les restes calcinés d'un petit enfant que, dans son désespoir, il prit pour le cadavre de son fils. S'arrachant les cheveux, se frappant la poitrine, il pleurait sans pouvoir surmonter sa douleur. Finalement, il procéda à la cérémonie de crémation et recueillit les cendres dans une petite bourse de soie précieuse. Qu'il travaillât, dormît ou mangeât, il portait constamment sur lui le sac contenant les cendres. Souvent, il s'asseyait à l'écart et pleurait des heures durant.

Un jour, son fils parvint à s'échapper et retrouva le chemin du village. Il était minuit lorsqu'il atteignit la nouvelle maison de son père et frappa à la porte. L'homme était couché et sanglotait, le sac de cendres à ses côtés. « Qui est là ? » demanda-t-il. L'enfant répondit : « C'est moi, papa, c'est ton fils. Ouvre la porte. » Dans son angoisse et sa confusion, le père pensa qu'un mauvais plaisant lui jouait un tour cruel. « Va-t'en, cria-t-il, laisse-moi tranquille ! » Puis il se remit à pleurer. À plusieurs reprises, le garçon frappa à la porte, mais le père persista dans son refus de le laisser entrer. Finalement, l'enfant fit demi-tour et s'éloigna lentement. Père et fils ne se revirent plus jamais.

À la fin de l'histoire, le bouddha ajouta : « Parfois, dans un certain contexte, vous prenez quelque chose pour la vérité. Si vous vous attachez obstinément à cette opinion, la vérité viendrait-elle en personne frapper à votre porte, vous ne lui ouvririez pas. »

Pourquoi nous attachons-nous à nos présomptions et à nos croyances au point de passer à côté de la vérité et de demeurer dans l'ignorance de la réalité, comme ce père dans l'histoire du bouddha ? Dans les enseignements bouddhistes, il est dit : « Une seule base, deux chemins. » Cela signifie que, bien que la « base » de notre nature originelle soit la même que celle des bouddhas, ceux-ci reconnaissent leur nature fondamentale, atteignent l'éveil et suivent un chemin ; quant à nous, ne la reconnaissant pas, nous tombons dans la confusion et prenons un autre chemin. Dans notre échec à reconnaître notre nature originelle, dans le désert de cette inconscience, nous inventons et construisons de toutes pièces une réalité sur mesure. À partir d'une vue erronée, nous bâtissons une vue personnelle, qui façonne toute notre vie et colore toutes nos perceptions. Selon le bouddha, les vues erronées sont les pires des actions néfastes du corps, de la parole et de l'esprit, et aussi leur source. Elles nous tiennent enfermés perpétuellement dans le cycle de la souffrance qu'on appelle le samsara.

Dans son tout premier enseignement, le bouddha a révélé que la cause fondamentale de la souffrance est l'ignorance. Mais cette ignorance, qu'est-elle exactement ? Et comment se manifeste-t-elle ? Prenons un exemple dans notre vie quotidienne. Pensez à ces personnes dotées d'une intelligence particulièrement brillante — nous en connaissons tous. N'est-il pas surprenant de constater qu'au lieu de les aider, comme on pourrait s'y attendre, cette intelligence semble les faire souffrir davantage ? En fait, c'est un peu comme si cette brillante intelligence était la cause directe de leur souffrance.

Ce qui se produit est très clair : cette intelligence qui est la nôtre est sous l'emprise de l'ignorance, qui la retient en otage et l'utilise en toute liberté à ses propres fins. C'est ainsi que nous pouvons être extraordinairement intelligents et, en même temps, avoir cependant complètement tort. C'est ainsi que nous pouvons, avec une certitude absolue, tenir pour vrai quelque chose de faux, et traverser de ce fait les souffrances les plus effroyables, sans même nous en rendre compte. L'un des aspects les plus déchirants de notre vie est certainement notre incapacité à reconnaître la cause de notre souffrance. N'est-il pas curieux d'être incapable de voir l'ignorance à l'œuvre ? Mais ce manque de conscience claire n'est autre que l'ignorance, justement — marigpa en tibétain.

La pire des erreurs est de croire que l'ignorance est apathique et stupide, passive et dépourvue d'intelligence. Au contraire, elle est astucieuse et rusée, variée et ingénieuse dans les jeux de la tromperie. C'est dans nos vues erronées et nos ardentes convictions que nous trouvons, comme l'a dit le bouddha, l'une de ses plus profondes et dangereuses manifestations :

« *Qu'avez-vous à craindre de l'éléphant sauvage,*

Qui ne peut que blesser votre corps, ici et maintenant,

Quand l'influence des gens mal avisés et des vues erronées

Non seulement détruit le mérite que vous avez accumulé dans le passé,

Mais bloque également le chemin de votre libération dans l'avenir ? »

La plupart du temps, nous utilisons notre intelligence pour nous conforter dans nos vues erronées et échafauder un système de défense soigneusement gardé, un système inexpugnable. Lorsque des doutes s'élèvent, nous trouvons partout des alliés pour les renforcer. Nous érigeons au-dessus de nous une « coupole de doute » protectrice qui doit être parfaitement étanche afin qu'aucune brèche ne laisse la compréhension s'infiltrer.

Les vues erronées et les fausses convictions peuvent être les plus dévastatrices de nos illusions. Adolf Hitler et Pol Pot étaient sans doute, eux aussi, convaincus qu'ils avaient raison ! Chacun d'entre nous possède, comme eux, cette tendance dangereuse à se forger des convictions, à y croire sans les remettre en question et à agir en leur nom, attirant ainsi la souffrance, non seulement sur nous-mêmes, mais aussi sur ceux qui nous entourent.

Le cœur de l'enseignement du bouddha consiste, au contraire, à voir « l'état réel des choses » : on appelle cela la Vue juste. La Vue juste est une vue qui embrasse tout, car le rôle des enseignements spirituels est d'offrir une vision complète de la nature de l'esprit et de la réalité. Il est dit que les enseignements produisent deux effets : premièrement éliminer l'ego, et deuxièmement développer la sagesse du discernement, la connaissance de ce qui est juste et adéquat. C'est pourquoi il est absolument indispensable d'acquérir une solide compréhension des notions de base des enseignements. Cela seul apportera un souffle de bon sens et de sagesse dans notre confusion, et parviendra à dissiper la souffrance causée par les vues erronées.

Bien entendu, chacun est différent : certains ont besoin de plus de temps que d'autres pour entendre véritablement l'enseignement, pour que quelque chose se produise au plus profond de leur cœur et de leur esprit. Mais, lorsque cela se produit, vous faites vraiment l'expérience d'une Vue.

Alors, quelles que soient les difficultés que vous ayez à affronter, vous y ferez face avec sérénité, stabilité et compréhension, et vous découvrirez en vous un mécanisme interne à l'œuvre — un « transformateur intérieur » pour ainsi dire — qui vous protégera des vues erronées dont vous pourriez être la proie. Dans cette vue, vous aurez découvert le « guide de sagesse » qui est en vous, toujours prêt à vous conseiller, à vous soutenir et à vous rappeler la vérité. La confusion s'élèvera toujours, ce qui est bien normal, mais vous constaterez une différence capitale : vous ne vous y attacherez plus aveuglément et de façon obsessionnelle, vous la regarderez avec humour, perspective et compassion.

Examinons maintenant les vues erronées de manière plus approfondie. En fait, beaucoup de gens ne possèdent pas cette base solide dans les enseignements, sans laquelle nous pouvons aisément nous laisser persuader de presque n'importe quoi. Une fois convaincus de la véracité d'une chose fausse, nous ne cessons d'alimenter nos convictions erronées, nuit et jour, de doutes, déformations et idées fausses, pour nous prouver sans arrêt que nous avons raison. Chaque fois que nous ne comprenons pas quelque chose, ou que nous sommes dans un état d'esprit négatif, nous tentons de trouver des raisons pour justifier notre confusion et notre négativité. Comme un avocat qui a perdu la raison, nous ressassons de façon obsessionnelle nos arguments pour faire pencher la balance en notre faveur, en supprimant toute autre explication… et surtout la vérité.

Bientôt nous ne fréquentons plus que les gens qui alimentent nos convictions erronées. Car bien que nous paraissions ouverts, nous ne pouvons pas nous permettre de prendre le risque d'être exposés à d'autres points de vue, et de toute façon, notre fierté nous empêcherait d'admettre que nous puissions être dans l'erreur. Notre mémoire devient sélective, ne choisissant parmi les souvenirs que la tristesse, la douleur et la confusion, et effaçant tout ce qui serait enrichissant ou constructif, ou qui pourrait nous conduire au bonheur ou à la vérité.

À ce stade, nos vues et nos convictions erronées ont acquis un pouvoir et une énergie propres, et nous avons perdu la capacité de reconnaître la vérité, même si elle nous regarde dans les yeux ou si elle frappe à notre porte. Nous sommes enfermés dans un cycle sans fin d'autodestruction, rejetant et détruisant systématiquement tout ce qui est positif ou présente un réel intérêt, car cela compromettrait le fragile édifice bâti par l'ignorance et l'ego. Combien d'entre nous tournent ainsi le dos toute leur vie aux occasions les plus précieuses qui peuvent se présenter au cours d'une existence, niant tout ce qui est bon et utile et préférant tout ce qui est destructeur et néfaste, et attirant ainsi la souffrance comme un aimant ? Enfermés dans la prison que nous avons nous-mêmes créée, nous ne pouvons que nous plaindre de notre impuissance et de l'abandon où nous sommes, rejetant le blâme sur les circonstances, la vie ou les autres.

Pourquoi les choses se passent-elles ainsi ? La question est très complexe et les raisons nombreuses. Bien sûr, cela peut être le souvenir lointain d'une expérience traumatisante de notre enfance, à demi enfouie, qui émerge soudain, se mêle et se confond avec la réalité présente. Ou bien, sans raison apparente, nous nous trouvons abruptement aux prises avec une crise psychologique apparemment dénuée de toute logique. Il arrive aussi que découvrant la vérité sur nous-mêmes, soudainement reflétée par le maître ou les enseignements, il nous est tout simplement trop difficile de l'affronter, trop terrifiant de la reconnaître, trop douloureux de l'accepter comme étant notre propre réalité. Cette vérité, nous la nions, nous la rejetons dans une tentative absurde et désespérée de nous défendre de nous-mêmes, de nous défendre de la vérité de ce que nous sommes vraiment. Lorsque ces révélations sur nous-mêmes sont trop fortes ou trop difficiles à accepter, par arrogance et vanité, nous refusons de les reconnaître, et les projetons sur le monde qui nous entoure — de préférence ceux qui nous soutiennent et nous aiment le plus : notre maître, les enseignements, nos parents ou notre meilleur ami.

Comment parvenir à enfoncer le solide bouclier qui constitue ce système de défense ? La meilleure solution est de reconnaître par nous-mêmes que nous nous laissons abuser par nos propres illusions. J'ai constaté comment, pour de nombreuses personnes, un aperçu de la vérité, de la vue juste, peut faire s'effondrer instantanément l'incroyable édifice des vues erronées fabriqué par l'ignorance.

Cela est cependant très, très difficile. Plus nous nous réfugions à l'abri de nos vues erronées, moins nous laissons de chance à une transformation de se produire. Nous sommes parfois tellement bloqués dans nos petits mondes personnels de souffrance émotionnelle et psychologique que, même si nous nous tournons vers la spiritualité ou la thérapie, celles-ci, au lieu de nous apporter la liberté et la purification, se trouvent neutralisées, embrigadées par l'ignorance, et finissent par devenir des armes que nous retournons contre nous. Si nous admettons qu'elles sont « utiles », ce n'est que dans la mesure où elles nous « aident » à reproduire et à prolonger les scénarios de nos illusions. Mais elles ne peuvent véritablement nous aider que si nous reconnaissons ou admettons que nous faisons fausse route.

En suivant les enseignements et en pratiquant, nous allons inévitablement découvrir certaines évidences qui nous concernent : les pièges où nous tombons toujours ; nos stratégies et nos scénarios habituels, héritage de notre karma négatif, qui se répètent et se renforcent indéfiniment ; nos façons si personnelles de voir les choses, ces explications éculées, rebattues et tout à fait erronées sur nous-mêmes et le monde, que nous tenons pour authentiques et qui, de ce fait, déforment notre vision de la réalité. Si nous persévérons sur le chemin spirituel et que nous nous observons avec honnêteté, peu à peu va se faire jour en nous le fait que toutes nos perceptions ne sont qu'un tissu d'illusions. Le simple fait de reconnaître notre confusion, même si nous sommes incapables de l'accepter complètement, peut apporter une lueur de compréhension et déclencher en nous un processus nouveau, un processus de guérison.

Notre esprit peut être merveilleux, mais il peut être aussi notre pire ennemi. Il nous cause tant de problèmes. Parfois, j'aimerais que l'esprit soit comme un dentier qu'on pourrait ôter et poser la nuit sur sa table de chevet. Cela nous permettrait au moins de nous reposer de ses mauvais tours. Mais voilà, nous sommes tellement à la merci de notre esprit, que même si les enseignements touchent en nous une corde sensible et nous émeuvent au-delà de toute expérience, nous refusons d'aller de l'avant, retenus par quelque inexplicable attitude soupçonneuse, profondément enracinée. À un moment donné, il nous faut pourtant mettre un terme à ce manque de confiance. Il nous faut abandonner doutes et soupçons, qui sont censés nous protéger, mais qui sont totalement inefficaces et finissent par nous apporter davantage de souffrance, cette souffrance dont ils étaient supposés nous défendre.

Lorsque nous nous sentons dans un état d'esprit négatif, il est bien plus naturel de douter que de croire. D'un point de vue bouddhiste, le doute est un signe d'un manque de compréhension et d'éducation spirituelle ; mais le doute est aussi considéré comme un catalyseur dans le processus de maturation de la foi. C'est lorsque nous faisons face au doute et aux difficultés que nous découvrons si notre foi est une foi simpliste, pieuse et conceptuelle, ou si elle est forte, stable et ancrée dans une profonde compréhension du cœur. Si vous avez la foi, tôt ou tard, elle sera mise à l'épreuve ; mais quel que soit le défi, qu'il vienne de vous ou de l'extérieur, il fait simplement partie du processus de la foi et du doute.

Imaginez que vous ne vous soyez jamais lavé de votre vie et que vous décidiez un beau jour de prendre une douche. Vous commencez par bien vous frotter et vous voyez avec horreur la saleté sortir par tous les pores de votre peau et couler sur tout votre corps. Quelque chose ne va pas ! Vous étiez censé devenir propre, mais tout ce que vous voyez, c'est de la crasse ! Vous paniquez et sortez précipitamment de la douche, convaincu que vous n'auriez jamais dû y entrer. Mais tout ce que vous aurez obtenu, c'est d'être encore plus sale qu'avant. Vous ne pouvez pas savoir que le plus sage est de s'armer de patience et de terminer sa douche. Pendant un moment, vous aurez l'impression de devenir encore plus sale, mais si vous continuez à vous laver, vous allez en ressortir frais et propre. C'est tout un processus qui est en jeu, le processus de purification.

De la même façon, lorsque de menus obstacles se manifestent sur la voie spirituelle, un bon pratiquant ne perd pas la foi et ne se met pas à douter, car il possède le discernement qui permet de reconnaître toutes les difficultés pour ce qu'elles sont, c'est-à-dire de simples obstacles, rien de plus. Il est dans la nature des choses qu'un obstacle, une fois reconnu pour ce qu'il est, cesse par là même d'en être un. Mais si on ne reconnaît pas un obstacle tel qu'il est, on le prend au sérieux, ce qui lui donne force et solidité, et en fait ainsi un blocage réel.

Quel que soit le doute qui s'élève, regardez-le simplement comme un obstacle, reconnaissez en lui la manifestation d'une compréhension qui a besoin d'être clarifiée et débloquée ; sachez qu'il ne s'agit pas là d'un problème fondamental, mais simplement d'une étape dans le processus de purification et d'apprentissage. Laissez le processus se poursuivre et parvenir à son terme sans jamais perdre confiance ni détermination. Telle est la voie suivie par les grands pratiquants du passé, qui avaient l'habitude de dire : « Il n'est pas de meilleure armure que la persévérance. »

Les enseignements nous apprennent ce qu'il nous faut réaliser, mais nous devons aussi suivre notre propre cheminement afin de parvenir à une réalisation qui nous soit personnelle. Ce cheminement peut nous faire traverser toutes sortes de souffrances, de difficultés et de doutes, qui vont devenir nos plus grands maîtres. Ainsi allons-nous apprendre l'humilité nécessaire pour reconnaître nos limites ; ainsi allons-nous découvrir la force intérieure et le courage dont nous avons besoin pour renoncer à nos vieilles habitudes et à nos idées préconçues, et nous ouvrir à la vision plus vaste de la véritable liberté que nous offrent les enseignements spirituels.

Il nous faut donc constamment apprécier à sa juste valeur l'œuvre subtile de l'enseignement et de la pratique, et persévérer calmement et patiemment, même si aucun changement extraordinaire ou spectaculaire ne se produit. L'important, c'est de manifester à l'égard de soi-même habileté et douceur, ne pas se laisser aller au découragement, ne pas renoncer, mais faire confiance à la voie spirituelle, tout en sachant qu'elle possède ses lois et sa dynamique propres.

Plus que tout, il nous faut nourrir notre vrai soi — ce que nous pourrions appeler notre nature de bouddha : en effet, nous commettons bien souvent l'erreur fatale de nous identifier à notre confusion, et de l'utiliser ensuite pour nous juger, nous condamner, et alimenter ainsi ce manque d'amour de soi dont tant d'entre nous souffrent de nos jours. Il est essentiel de résister à la tentation de porter un jugement sur nous-mêmes et sur les enseignements ; nous devons plutôt percevoir notre situation avec humour et réaliser qu'en ce moment, c'est un peu comme si de nombreuses personnes cohabitaient en nous. Et il est encourageant de constater que si, en un sens, nous avons tous apporté nos énormes problèmes sur la voie spirituelle — en fait ce sont peut-être eux qui nous ont conduits à découvrir les enseignements — d'un autre point de vue, ces problèmes ne sont finalement pas aussi réels, solides et insurmontables que nous le croyions.

Pour continuer d'avancer sur la voie spirituelle, il nous faut relever de nombreux défis et nous avons beaucoup à apprendre. Nous devons découvrir comment déjouer les obstacles et les difficultés ; comment traiter les doutes et démasquer les vues erronées ; comment trouver l'inspiration lorsque nous nous y sentons le moins disposés ; comment nous comprendre à travers nos états d'âme ; comment travailler véritablement avec les enseignements et les pratiques et les intégrer dans notre vie quotidienne ; comment susciter la compassion et la mettre en pratique ; et comment transformer notre souffrance et nos émotions.

Sur la voie spirituelle, nous avons tous besoin du soutien et des bonnes fondations que donne la connaissance véritable des enseignements, et l'on ne saurait trop insister sur ce point. En effet, plus nous étudierons et pratiquerons, plus le discernement, la clarté et une vision profonde s'exprimeront en nous. Alors, lorsque la vérité viendra frapper à notre porte, nous la reconnaîtrons avec certitude et nous lui ouvrirons avec joie, car nous aurons deviné qu'elle pourrait bien être… la vérité de ce que nous sommes vraiment.

Traduction de l'article paru sous le titre « View and Wrong View » dans le premier numéro de la revue View *(été 1994).*

MÉPRISES ET MALENTENDUS

Quand nous suivons un chemin spirituel, il est plus important que jamais de démasquer l'esprit et ses illusions, et de savoir à quel point les malentendus dominent nos vies.

Je me souviens d'une histoire que l'on m'a racontée lorsque j'étais enfant au Tibet. Elle est tirée des *Contes de Jataka*, le récit des vies antérieures du bouddha, et parle du temps où, né sous la forme d'un lion, il vivait à la lisière d'une forêt profonde. Un jour d'automne, une terrible agitation s'empara de tous les animaux qui entamèrent une fuite éperdue.

Le lion les vit, par centaines et par milliers, courant pour sauver leur vie sans oser se retourner.

Il savait que si personne ne les arrêtait, ils continueraient jusqu'à la mer et s'y noieraient. En quelques bonds, il parvint au sommet d'une colline qui dominait leur route et rugit par trois fois. Tous les animaux s'arrêtèrent d'un coup, se pressant les uns contre les autres en une masse immense et tremblante. Le lion descendit de la colline et leur demanda pourquoi ils couraient si vite.

« La fin du monde arrive ! s'écrièrent-ils.

— Qui l'a dit ? demanda le lion.

— Les éléphants, répondirent-ils.

— Non, ce n'est pas nous, dirent les éléphants indignés, ce sont les lions.

— Non, ce sont les tigres qui nous l'ont dit », répliquèrent les lions. Les tigres, eux, affirmèrent que c'étaient les rhinocéros, les rhinocéros que c'étaient les buffles, les buffles que c'étaient les antilopes, les antilopes que c'étaient les gazelles, et les gazelles dirent que c'étaient les lapins. Les lapins dirent : « C'est ce petit lapin-là qui nous l'a dit ! »

Le lion s'avança jusqu'à lui et demanda :

« Comment sais-tu que c'est la fin du monde ?

— Je l'ai entendu, Seigneur, un craquement effroyable, et j'ai entrevu quelque chose.

— Où ? demanda le lion. Dis-moi exactement ce qui est arrivé.

— J'étais assis sous un arbre fruitier, pensant à ce qu'il adviendrait de moi si la fin du monde arrivait, et soudain j'ai entendu ce craquement... comme si la terre s'ouvrait.

— Allons voir », dit le lion. Le lapin monta sur son dos et lui montra le chemin. Quand ils arrivèrent en vue de son arbre, le lapin sauta à terre car il avait trop peur de s'approcher de la crevasse. Le lion avança jusqu'à l'arbre et vit l'endroit où le lapin s'était assis. Il vit un fruit qui était tombé de l'arbre et s'était craquelé en s'écrasant sur les feuilles d'automne. Il appela le lapin et le lui montra. S'adressant aux animaux, ils leur tinrent ce langage : leur panique était dénuée de tout fondement, et ce n'était pas la fin du monde.

Bien souvent, nous construisons quelque chose d'énorme à partir d'un fait anodin. Nous en gonflons l'importance de façon disproportionnée.

Combien de nos difficultés naissent ainsi d'une toute petite erreur d'interprétation : aujourd'hui, quelqu'un ne nous a pas souri comme à son habitude, notre maître nous a regardés sévèrement ou notre meilleur ami nous a critiqués ; ce matin, le café n'était pas aussi savoureux que d'habitude, notre humeur était un peu grincheuse... Cela suffit à gâcher notre journée ! Nous sommes parfois si fragiles, si anxieux, si frêles et vulnérables, que n'importe quelle remarque désinvolte, n'importe quelle réaction désagréable ou plaisanterie déplacée peut détruire totalement notre confiance. Si nous ne réalisons pas sur-le-champ qu'il s'agit d'une simple méprise, celle-ci risque, comme le ferait une graine, de grossir de plus en plus. Les petits problèmes s'enveniment et s'accroissent jusqu'à devenir des peurs immenses, des séismes émotionnels, et peu importe que notre souffrance puisse être en fait insignifiante, nous imaginons vraiment, comme le lapin, que c'est la fin du monde.

Bien sûr, il se peut que nous ne puissions définir exactement ce qui ne va pas — ce pourrait n'être qu'une mauvaise humeur passagère — mais d'une certaine façon, nous devons lui donner le plus d'importance possible. Nous nous apitoyons sur notre sort avec délectation et nous nous complaisons dans la dépression. On dirait que nous nous acharnons à tout rendre douloureux, comme si nous voulions prendre une revanche sur quelqu'un ou sur quelque chose... qui se révèle toujours être nous-mêmes. Nous nous dirigeons infailliblement vers une crise. Entretemps, notre illusion ou notre dépression se profile comme quelque sculpture macabre que nous modelons, ou comme une construction fiévreusement bâtie, agrandie, étendue, et que nous couronnons finalement par la découverte de quelque problème ancien profondément enraciné. Le tout est ainsi assemblé en une maison type, complète, nous offrant toutes les raisons possibles d'être déprimés. Cependant, ce qui nous échappe tout au long de ce processus, outre le fait que notre problème n'est pas si grave — et encore moins catastrophique — c'est que tout cela est entièrement construit à partir de rien ! Cela n'existe pas réellement.

Durant l'été 1900, le mystique tibétain Tertön Sogyal commença à révéler un cycle d'enseignements et de pratiques de méditation qui fut caché il y a plus de mille ans par le maître extraordinaire Padmasambhava. Au cœur de sa révélation, se trouve une instruction remarquable concernant la transformation des fautes dans le système d'interdépendance qui gouverne notre vie. J'ai été stupéfait quand, pour la première fois, j'en ai lu les toutes premières lignes :

« La racine de toutes les erreurs et de tous les défauts n'est rien d'autre que l'ignorance. Cette ignorance consiste, par exemple, à prendre un tas de pierres à l'horizon pour une silhouette humaine. Elle n'a absolument aucun fondement. Ce qui signifie que la source même de ces erreurs et de ces défauts n'existe pas. »

Autrement dit, tous nos problèmes se créent à partir de rien : ils sont tous fondés sur une erreur d'interprétation, qui elle-même n'existe pas. Plus je pense à ce qu'a dit Padmasambhava, plus je réalise combien cela est vrai. Avec toutes nos idées, toutes nos méprises, combien de fois nous sommes-nous accrochés à une version de la réalité plus que partiale et déformée ? Toute notre vision de la réalité revient en fait à une fabrication, une exagération, un édifice fantastique d'illusions. Dès lors que nous manquons de compréhension, nous créons, à partir de cette méprise, quelque chose qui ne peut être que mensonge et illusion. Et, à notre tour, nous avalons le mensonge, nous nous laissons prendre par l'illusion, nous la tenons pour vraie, tel le fou qui passe sa vie à rechercher la fabuleuse cruche d'or enterrée au pied d'un arc-en-ciel.

Comme tout cela est tragique ! Car la méprise apporte avec elle des complications sans fin : espoir et crainte, désespoir et même suicide. C'est nous-mêmes qui nous faisons souffrir et nous créons des problèmes qui ne sont absolument pas nécessaires. C'est aussi simple que cela — la seule chose à faire est de le réaliser. Et en fin de compte, quand nous voyons la vérité, quand nous voyons à quel point c'est tout simplement inutile, notre cœur voudrait éclater de compassion pour tous ceux qui souffrent de cette façon. En même temps, nous commençons à en mesurer l'absurdité. Comme le dit un proverbe tibétain, c'est aussi ridicule que d'essayer d'attacher une ficelle autour d'un œuf.

Pourquoi donc endurons-nous tout cela ? Il nous est très difficile de voir la vérité telle qu'elle est réellement, parce que tout ce processus est tellement personnalisé que nous n'arrivons pas à voir une autre perspective, ni à remarquer combien notre esprit exagère. C'est un des symptômes du samsara, le cycle incontrôlé de vie et de mort auquel nous souscrivons. Dès lors que nous les examinons, toutes ces apparences, toutes ces perceptions que nous tenons pour si réelles, se révèlent être complètement inexistantes. Un seul aperçu clair de la nature essentielle de notre esprit suffit à voir cette réalité truquée telle qu'elle est : un moyen de saboter et de saper notre vraie nature. Nous voyons alors que tous nos espoirs, nos attentes et nos peurs sont les agents du samsara, employés à nous épuiser et à nous affaiblir.

Bien que nous écoutions peut-être des enseignements spirituels et entendions la vérité à maintes reprises — à savoir que tout est semblable à une illusion et n'est qu'apparence trompeuse de l'esprit — quand l'ignorance entre en jeu, nous échouons à la reconnaître et à la voir pour ce qu'elle est réellement, car elle prend des masques très sophistiqués et captivants. C'est cela qui nous rend vraiment « ignorants ». De plus en plus, j'en suis venu à réaliser que, lorsque nous suivons une voie spirituelle, il est plus important que jamais de voir clairement l'esprit et ses illusions et de savoir jusqu'à quel point les erreurs d'interprétation dominent notre vie. Pour un pratiquant spirituel, il est crucial de dominer la situation.

Dominer la situation pourrait avoir différentes significations. L'une d'elles est qu'il nous faut reconnaître la racine de nos problèmes. Nous savons que c'est souvent lorsque quelqu'un commence à reconnaître son blocage fondamental que commence sa guérison. Mais identifier la source de nos difficultés et de notre confusion peut sembler très difficile et prendre beaucoup de temps. Ces difficultés ont des appuis partout, et même s'il nous arrive parfois d'avoir un bref aperçu de la réalité de notre situation, c'est comme si tout, autour de nous, conspirait pour nous empêcher de voir. Pour que la clarté se fasse dans notre esprit, peut-être faut-il un ensemble particulier de circonstances, un environnement spécial, ou simplement un certain laps de temps. Il se peut aussi que la source de nos problèmes soit obscurcie par notre karma. Avant que celui-ci ne soit purifié, il nous est impossible de voir ce qui nous bloque, et même notre maître ou un ami ne pourra nous le montrer clairement ; nous ne sommes pas prêts à le réaliser. Ou peut-être notre fierté obstinée s'y refuse-t-elle, préférant prendre nos méprises pour la vérité et s'y cramponnant avec une obstination sans faille ; car si en secret nous doutons de la justesse de notre attitude, nous ne pouvons y faire face. De nombreux facteurs entrent en jeu, et le fait que nous soyons capables ou non de voir clairement en nous-mêmes dépend entièrement du fonctionnement complexe de l'interdépendance.

Tout naît de l'interdépendance. Quand toutes les circonstances s'agencent correctement, nous disons qu'elles sont « favorables ». Tout s'accorde et se déroule harmonieusement. Mais lorsque quelque chose ne « s'enclenche » pas tout à fait, alors s'ouvre une brèche, un vide, et dans cette absence de clarté se glisse le malentendu. Une fois que suffisamment d'éléments défavorables et trompeurs se sont accumulés, ceux-ci constituent en quelque sorte la circonstance parfaite dont nous avons besoin pour nous prouver que cette méprise est la vérité. Cela permet aux autres de l'exploiter, quelle que soit leur motivation, et nous incite à rendre la situation plus explosive : quelque chose en nous se réjouit presque de tout ce drame.

Les problèmes commencent alors à s'accumuler car, lorsque nous ne voyons pas clairement, nous entassons tout ce qui n'est pas clair — toute notre douleur et notre souffrance, notre insécurité, nos peurs, nos émotions et nos obsessions — dans notre propre zone d'ombre. Ainsi, quand nous ne pouvons pas voir notre problème majeur ou que nous refusons de l'affronter avec honnêteté, celui-ci va être transféré et rebondir alentour, pour se fixer sur l'un ou l'autre aspect de notre esprit et de notre vie. Dès qu'un problème est résolu, le processus se déplace sur un autre, puis un suivant, et cela devient ainsi une calamité récurrente.

Cependant, si nous avons l'ouverture et la volonté d'identifier notre difficulté personnelle majeure, et si la voyons clairement telle qu'elle est, nous pourrons être surpris de constater que cela n'est pas un problème si gigantesque. Il suffit d'un changement subtil. Entrevoir la nature de l'esprit, par exemple, ne demande que le changement le plus infime, simplement une façon différente de regarder : regarder à l'intérieur, regarder l'esprit.

Les textes bouddhistes ont leur exemple favori : Imaginez, disent-ils, que vous marchez dehors un soir au crépuscule. Soudain, sur le chemin devant vous, vous apercevez ce qui vous semble être un serpent. Vous êtes paralysé de peur, vous commencez à transpirer, votre cœur bat la chamade et votre esprit cherche à toute allure un moyen d'échapper au serpent et à la mort. Une impulsion vous pousse à allumer votre lampe de poche et, à votre grand soulagement, vous constatez que le serpent n'est autre qu'un morceau de corde tachetée. Vous soupirez, puis éclatez d'un rire nerveux. Mais où était le serpent ? C'était une illusion complète, n'existant que dans votre esprit, dans ses concepts et dans votre tendance habituelle à la peur, déclenchée en cet instant par une méprise et projetée immédiatement sur le bout de corde inoffensif.

N'avons-nous pas tous, à un moment ou à un autre, connu des réalisations telles que celle-ci ? Toutes nos idées préconçues sont ébranlées et laissent apparaître une perspective de la réalité complètement différente, parfois surprenante, mais toujours plus authentique. Nous ne devrions jamais oublier de tels moments car c'est là que nous pouvons, en un éclair, voir le samsara — ce cercle vicieux dans lequel nous gaspillons notre vie — se révéler comme une fabrication colossale, rien d'autre que l'ignorance, elle-même inexistante, édifiée en un tortueux labyrinthe d'illusions. Soudain, nous réalisons quelque chose, quelque chose de profond et de libérateur, sur le fonctionnement de notre esprit et la façon dont les méprises prennent forme. L'astuce consiste alors à garder en mémoire cette réalisation. Ainsi, lorsqu'une situation similaire se reproduira, le processus aura au moins diminué d'intensité. Il est une chose dont nous pouvons être sûrs : si nous ne nous appliquons pas à conserver vivant le souvenir de ce que nous avons réalisé, en un rien de temps, l'esprit trouvera le moyen de l'occulter.

Dominer la situation signifie aussi reconnaître et se souvenir de ces moments particuliers où des intuitions lumineuses jaillissent et s'épanouissent brièvement : un moment de clarté et d'éveil, lorsque quelque chose devient soudain très limpide ; un moment de libération, quand les paroles d'un enseignement spirituel provoquent un déclic, approfondissent une compréhension que nous avions déjà, et livrent la clé du mystère de l'intégration de la vision spirituelle dans la vie.

Dans les enseignements Dzogchen, on parle de dissoudre toutes choses dans l'état de méditation, dans la pureté primordiale de la simplicité naturelle. Vous remarquerez ces moments où tout devient transparent, où vous pouvez effectivement voir que cette simplicité naturelle est vraiment la façon d'être des choses. Comme il semble ridicule alors de risquer son bonheur, de laisser sa confiance dépendre d'événements fortuits et insignifiants. Même si l'insécurité que nous expérimentons à cause d'une dispute ou d'un regard trop sévère n'affecte en rien notre vrai « moi », du fait que nous le prenons trop à cœur, cela obscurcit notre jugement et affaiblit notre confiance en nous-mêmes. Lors de ces moments de clarté, cependant, on peut voir que le plus important est de revenir à soi-même, de reconnaître sa vraie nature, d'avoir confiance en elle et d'affermir cette confiance jusqu'à ce qu'elle devienne inébranlable.

Regardez en arrière maintenant, et représentez-vous un tel moment : peut-être l'avez-vous couché par écrit ou bien est-il là, dans un recoin de votre mémoire. Retenez ces instants les plus marquants, ces expériences les plus intenses, et gardez-en le souvenir, car il est capital de ne pas les perdre, les gaspiller. En effet, aussi claires que soient ces expériences dans le contexte où elles se produisent, quand vous changerez d'environnement, elles s'affaibliront. La réalité quotidienne de notre existence ordinaire est tout simplement trop forte ; le samsara a son propre environnement, son propre soutien, sa communauté, ses protecteurs et son influence. Ils sont si puissants et si bien établis, la négativité qui en résulte offre des arguments si séduisants et si persuasifs, qu'à moins d'accomplir un effort résolu, il vous sera difficile de garder l'inspiration sur la voie spirituelle.

L'un de mes étudiants me disait cet été que, pour lui, « dominer la situation » signifiait : ne pas être coincé dans ses vieilles habitudes. Mais comment éviter d'être coincé ? En empruntant l'issue, la voie qui est là, tracée pour notre voyage. « N'oublie pas, lui ai-je dit, le premier enseignement du bouddha sur les Quatre Nobles Vérités : il y a une fin à la souffrance et une voie qui conduit à la fin de cette souffrance. Le bouddha nous montre effectivement l'issue, et s'il y a une chose à reconnaître, c'est bien cela. Refuse par tous les moyens d'être coincé par tes habitudes, mais va plus loin et suis la voie pour leur échapper. »

Mes amis et mes étudiants me disent combien ils sont tourmentés par des comportements répétitifs : leurs partenaires les quittent toujours, ou bien ils rencontrent sans cesse des problèmes à leur travail, ou encore ils se brouillent avec tout le monde. Si cela vous arrive souvent, peut-être devriez-vous en chercher la raison. Mais n'en faites pas toute une affaire, ne succombez pas à l'erreur souvent commise de vous appesantir sur vos comportements habituels : « Je fais toujours cela… Je suis comme ça… Je serai toujours quelqu'un de ce genre-là… Je suis condamné d'avance… » De cette façon, nous ne faisons que donner de l'importance et une réalité fallacieuse à ce dont nous voulons nous libérer. Nous ne serons jamais capables de changer si nous passons sans cesse le même vieux disque rayé. Au lieu de cela, demandez-vous simplement « Pourquoi ? ».

Quelle qu'en soit la raison — qui pourrait s'avérer d'une étonnante simplicité — vous devez d'abord l'identifier avant de pouvoir faire quelque chose. Si vous continuez à alimenter votre problème, il va grossir au-delà de toute proportion, et toute l'affaire s'embrouillera dans les complications. Vous serez alors à la merci des seules explications que vous puissiez encore saisir, des théories de toutes sortes pour savoir « à qui la faute » : à votre enfance, votre père, votre mère, votre frère, votre sœur, bouddha, Jésus ou Dieu ? Que tout cela est compliqué !

Cessez de scruter vos schémas habituels et de vous tourmenter à propos de ce qui ne va pas en vous : ceci n'est peut-être qu'un schéma de plus. Quoi que vous fassiez, ne vous identifiez pas à votre douleur, à votre souffrance et à vos points sensibles, sinon vous n'en serez jamais libérés. Ne vous identifiez pas aux erreurs que vous avez commises et ne croyez pas, du simple fait que vous avez eu tort, que vous êtes fondamentalement mauvais et le serez à jamais. Il est beaucoup plus important de renforcer vos bons côtés, de réaliser et vous rappeler ce qui arrive dans ces moments merveilleux où vous avez confiance en votre nature. Vous vous sentez alors si bien que c'est presque comme s'il n'y avait plus d'ego, comme si toute notion de « soi » s'était complètement dissoute, révélant votre véritable identité, et laissant seulement la place à la compassion, la générosité et l'intrépidité.

Au plus profond de notre cœur, nous voulons tous progresser, changer et atteindre l'éveil. Il n'est pas nécessaire d'attendre la situation parfaite et que tout aille bien pour lâcher prise et changer. Nous pouvons commencer dès maintenant. Regardons les choses en face : nous n'avons pas d'autre choix que de changer. Et cette absence de choix ressemble à une bénédiction déguisée, car elle nous offre sans arrêt l'occasion de nous épanouir, d'être libres de notre « moi » et de devenir vraiment nous-mêmes.

Pourtant, on se sent parfois si frustré d'être aussi coincé, résigné et résistant au changement, qu'on voudrait absolument tout transformer en soi, même l'apparence. Ne vous jugez pas vous-mêmes, ne soyez pas trop ambitieux. N'essayez pas de tout changer d'un seul coup. Au lieu de cela, assurez-vous de changer quelque chose de fondamental. Le changement doit grandir en vous. Il sera alors beaucoup plus stable. Un changement soudain est comme une promesse qu'on ne peut pas tenir. Continuez à travailler lentement, confiant dans le fait que cela va marcher. Car dans la vie, on découvre que lorsqu'on lâche prise réellement, ce que l'on demande se produit ; et si l'on essaie trop de l'obtenir, cela n'arrive pas. Mais lâcher prise ne signifie pas abandonner ; ce sont deux choses très différentes. N'abandonnez jamais. Mais, je vous en prie, lâchez prise.

C'est là que la pratique de la méditation peut être très puissante : elle peut nous inspirer la réalisation que nous sommes réellement capables de lâcher prise et que si nous lâchons prise, nous sommes libres. Être vraiment capable de laisser tomber certains blocages, certains comportements ou certaines obsessions, c'est là le véritable résultat de la pratique. C'est le signe que notre pratique porte ses fruits.

Dès lors, tout s'avérera beaucoup plus facile pour nous, car nous serons beaucoup plus faciles à vivre. Nous découvrirons la confiance intérieure : une confiance authentique, naturelle et indestructible qui nous rendra intrépide. Quoi que nous ayons à affronter, nous saurons nous en tirer. La peur, l'incertitude et l'hésitation que nous ressentons quant à notre capacité à changer, ou même à notre réel désir de changer, nous poussent, faute d'alternative, à placer notre confiance en de faux refuges, à retomber dans nos vieux comportements de souffrance, usés et familiers.

Bien sûr, il ne serait que trop facile de nous reposer sur nos lauriers en nous félicitant de la façon dont nous avons changé, pour nous apercevoir simplement que nos schémas subtils se frayent leur chemin en douceur, sous une nouvelle forme. Car notre esprit et les vues fausses qui constituent l'ego sont d'une sournoiserie sans fin. Nous pouvons couper court à nos schémas, mais comment, ensuite, empêcher leur retour ? En pratiquant, en demeurant continuellement dans la Vue. Le but de la pratique est de nous procurer un cadre efficace qui recrée l'atmosphère vivante de l'inspiration et de la Vue de la nature de l'esprit.

On entend souvent parler de la Vue et de la confiance en soi, mais qu'est-ce que cela signifie vraiment ? Qu'est-ce qui indique que nous avons traduit la vue des enseignements spirituels dans notre existence quotidienne ? C'est lorsque nous pouvons accepter les événements et les bouleversements de notre vie, les laisser nous enseigner non seulement la sagesse et le discernement, mais aussi les moyens d'être habiles avec les autres et avec nous-mêmes.

C'est aussi cela qui indique que nous dominons vraiment la situation. Mes étudiants m'ont raconté comment ils avaient traversé les moments les plus difficiles de leur vie, comme la perte d'un proche, quand il n'y a pas d'autre choix que de lâcher prise. Ils disent avoir découvert qu'en lâchant prise à la lumière de leur pratique et sous l'inspiration des enseignements, progressivement, au cours des années, au travers de toutes les tragédies et de tous les lâcher-prise, une confiance profonde est née en eux. Dans la méthode unique du Dzogpachenpo, les maîtres disent que plus les circonstances sont difficiles, meilleur c'est. Ils ne veulent pas dire par là que les pires catastrophes vous attendent à la file comme autant de bénédictions, mais qu'avec la Vue, vous pouvez abandonner l'aversion envers le mal et les difficultés, et transformer tout ce qui arrive en bénédiction.

Il y a une merveilleuse image du bouddha dont je me souviens toujours. Il est assis en méditation, inébranlable, durant le premier quart de la nuit où il atteignit l'éveil. Mara, l'incarnation de l'illusion, ordonne à son armée d'attaquer le bouddha. Mais, alors que les armes atteignent son rayonnement, d'instruments malfaisants, elles se transforment en cadeaux d'adoration : lances, épées et huile bouillante se transforment en une pluie de fleurs douces et parfumées.

Traduction de l'article paru sous le titre « Being on Top of Things » (« dominer la situation ») dans le deuxième numéro de la revue View *(automne 1994).*

Achevé d'imprimer
par la Sagim• Canale (à Courtry)
en mai 2003.